Pierre Gendarme

Année sainte 2025

Pierre Gendarme

Année sainte 2025

Le Christ au centre de l'histoire humaine

Éditions Croix du Salut

Imprint

Any brand names and product names mentioned in this book are subject to trademark, brand or patent protection and are trademarks or registered trademarks of their respective holders. The use of brand names, product names, common names, trade names, product descriptions etc. even without a particular marking in this work is in no way to be construed to mean that such names may be regarded as unrestricted in respect of trademark and brand protection legislation and could thus be used by anyone.

Cover image: www.ingimage.com

Publisher:
Éditions Croix du Salut
is a trademark of
Dodo Books Indian Ocean Ltd. and OmniScriptum S.R.L publishing group

120 High Road, East Finchley, London, N2 9ED, United Kingdom
Str. Armeneasca 28/1, office 1, Chisinau MD-2012, Republic of Moldova, Europe
Printed at: see last page
ISBN: 978-620-6-17003-7

JUBILÉ 2025
PÈLERINS D'ESPÉRANCE

Préface

Le jour de l'Ascension, le Pape François a rendu publique la lettre apostolique qui annonce l'ouverture de l'année sainte 2025 à Rome, la veille de Noël. Cette lettre est appelée aussi bulle d'indiction (du mot latin « bulla » qui veut dire sceau ou cachet). Tous les vingt-cinq ans l'Eglise célèbre une année sainte ordinaire (il existe aussi des années saintes extraordinaires) qui commémore la venue du Fils de Dieu sur terre (année -5 ou -4) fixée conventionnellement en l'an 0 de l'ère chrétienne.

Dans sa lettre le Pape annonce qu'il a choisi comme thème de cette année : « pèlerins de l'espérance ». Il parle de différents sujets ou catégories de personnes qui devront être l'objet de notre attention. Je les cite au fur et à mesure : la paix, la perte du désir de transmettre la vie, les détenus ou prisonniers, les malades, les jeunes, les migrants et réfugiés, les personnes âgées, les pauvres.

L'année 2025 est aussi le 1700ème anniversaire du concile de Nicée (près de Constantinople aujourd'hui Istanbul) qui a rappelé que le Fils de Dieu n'est pas une créature mais l'égal de Dieu, Dieu né éternellement de Dieu.

Pour tout chrétien, l'année sainte nous rappelle notre baptême qui nous fait participer à la vie mais surtout à la mort et la résurrection du Christ. C'est le fondement de la vie chrétienne. Chaque jour le chrétien doit mourir à certaines choses pour ressusciter, c.-à-d. trouver le bonheur qu'il y a d'aimer Dieu, de le servir et de servir son prochain.

Le Pape nous invite à bien recourir au sacrement de Pénitence pour fortifier notre union au Christ et à recourir au don de l'indulgence (on trouve une explication à la fin de ce livre ainsi que sur les sites religieux habituels les prières et les œuvres à accomplir pour obtenir le don de l'indulgence).

Le sacrement de Pénitence nous donne le pardon de nos péchés et l'indulgence nous obtient la réparation des conséquences mauvaises de nos péchés pardonnés (mauvais exemple pour les autres, addiction à certains maux, …). Invitation est faite de confier cette belle année à Marie, Mère de l'espérance.

Présentation du livre

Au début de ce livre est présenté le logo de l'année sainte choisi par le Saint-Siège. Ensuite on rappelle l'origine des années saintes ordinaires tous les vingt-cinq ans.

Le livre se divise en plusieurs chapitres et se conclut par une annexe qui explicite le sens des indulgences.

Dans le 1er chapitre, on rappelle comment on peut naturellement percevoir la présence de Dieu dans le monde créé.

Dans le 2ème chapitre, on montre comment Dieu s'est donné à connaître de façon définitive dans la personne du Christ.

Dans le 3ème chapitre, on approfondit la question de qui est le Christ.

Après avoir présenté dans les chapitres précédents Dieu comme Père et Créateur ainsi que son Fils Jésus, on présente dans un 4ème chapitre la Personne du Saint-Esprit, Dieu qui nous donne Dieu dans la personne de Notre-Seigneur Jéus-Christ.

Un 5ème chapitre présente le Cœur de Jésus comme étant la synthèse de la foi chrétienne.

Un 6ème chapitre présente le Cœur de Marie comme la personne la plus proche de Jésus.

Enfin le chapitre 7 nous invite à la prière car, si pour connaître il faut lire et étudier, il faut surtout prier et aimer pour connaître en profondeur.

Explication du logo

Le logo du jubilé 2025 présente quatre figures stylisées. Cela signifie que l'humanité est présente aux quatre coins de la terre.

Ces figures sont rattachées l'une à l'autre pour indiquer la fraternité qui doit exister entre tous les peuples et toutes les nations.

La première figure est attachée à la croix, signe de la foi mais aussi de l'espérance qu'il faut garder dans les épreuves.

A la base des quatre figures, l'onde signifie que notre pèlerinage sur terre ne se réalise pas toujours dans des eaux tranquilles. La croix qui se termine en forme d'ancre nous évite de sombrer : l'ancre stabilise le navire dans la tempête.

Notre pèlerinage sur terre n'est pas qu'individuel comme le montrent les quatre figures. Ce pèlerinage est aussi dynamique comme le montre la croix qui est courbée pour aller à la rencontre de l'humanité.

La couleur verte est bien la couleur de l'espérance.

Le nom de jubilé vient du mot hébreu *yobel* qui désigne la corne du bélier. Cette corne est l'instrument utilisé pour annoncer le Jour de l'Expiation (Yom Kippour). Cette fête annuelle peut aussi désigner le début d'une année jubilaire.

Ce jubilé avait lieu tous les cinquante ans : c'est une année supplémentaire aux sept semaines d'années (7x7) (Lv 25, 8-13). C'était l'occasion de rétablir un rapport correct avec Dieu, entre les personnes et avec la création. On remettait les dettes et on veillait au repos de la terre (agriculture).

L'Evangile selon saint Luc décrit ainsi la mission de Jésus :
« L'Esprit du Seigneur est au-dessus de moi ; c'est pourquoi il m'a consacré par l'onction et m'a envoyé porter aux pauvres la bonne nouvelle, à proclamer aux prisonniers la libération et aux aveugles la vue ; à remettre en liberté les opprimés, à proclamer l'année de grâce du Seigneur » (Lc 4, 18-19 ; Is 61, 1-2).

A la veille de l'année sainte 2025 : le Christ, une bonne nouvelle

L'Eglise a pris l'habitude de célébrer une année sainte ordinaire tous les 25 ans, comme ce fut le cas il y a 25 ans, en l'an 2000, avec le saint Pape Jean Paul II.

De façon conventionnelle l'année 1 de l'ère chrétienne détermine la naissance de Jésus qui est fixée historiquement au plus tard en l'an -5 ou -4 de notre ère. L'année 1 est le début d'une année (l'année 0 n'existe pas dans l'histoire chronologique). L'année 2025 est le début de l'année 2025 après la fin de l'année 2024 au 31 décembre.

Ces années saintes ordinaires sont parfois émaillées d'années saintes extraordinaires comme l'année 1983-1984 (pour le 1950ème anniversaire de la Rédemption fixée de façon toute conventionnelle en l'an 33 de notre ère). Après l'année sainte ordinaire de l'an 2000, s'est déroulée l'année sainte extraordinaire de la miséricorde voulue par le Pape François en 2015-2016.

Ces année sont l'occasion de raviver dans notre monde la foi dans le Christ et l'annonce de la bonne nouvelle qu'est la Personne de Jésus elle-même, Fils de Dieu né éternellement de Dieu, fait homme, mort librement et ressuscité.

La venue du Christ dans le monde n'a évidemment pas supprimé la présence naturelle de Dieu dans le monde d'alors. Mais la venue du Christ est venue parachever le monde créé et d'abord le guérir du mal qu'est le péché et le sauver.

On entend par présence naturelle de Dieu tout ce qu'on peut saisir de Dieu par le raisonnement et l'expérience de vie sans avoir recours à la foi.

Chapitre 1
La présence naturelle de Dieu dans notre monde

A/ L'**univers** appelé aussi cosmos dans son organisation interne comprend des lois que la physique et l'astrophysique découvrent et étudient. Cet aspect cohérent fait de commencement et de finalité, de nécessité et de contingence ainsi que d'ordonnancement nous fait découvrir l'univers comme quelque chose qui est voulu et pensé. C'est le sens du Dieu Créateur. « C'est en lui – dira saint Paul aux habitants d'Athènes – que nous avons la vie, le mouvement et l'être » (Ac 17, 28).

Le caractère relatif du monde dans lequel nous vivons par rapport à un absolu est apparu au grand jour ces dernières décennies avec ce qu'on appelle : les problèmes environnementaux et énergétiques, la pollution, le réchauffement climatique, …

B/ Tracer l'histoire de l'**humanité** ne relève pas d'une science exacte comme les sciences de la nature : c'est une science humaine qui ne relève pas de l'exactitude mathématique. En effet à l'origine de l'histoire des hommes, il y a le bien ou le mal qui habite l'esprit humain, le vrai ou le faux, le beau ou le laid qui guide les faits et les gestes.

Dans la conscience humaine se trouve cette loi que l'homme ne s'est pas donnée à lui-même : « il faut faire le bien et éviter le mal ». Dans l'expérience humaine, tout être humain ne découvre-t-il pas parfois – comme le dit saint Paul (Rm 7, 19) – qu'il fait le mal qu'il ne voudrait pas faire et qu'il ne parvient pas à faire le bien qu'il voudrait faire.

Dans le déroulement de l'histoire humaine, les hommes se sont rassemblés en peuples occupant un espace : la nation. L'humanité est un tissu de peuples et de nations. L'Etat est le garant de l'autonomie des peuples et des nations ainsi que des liens qui les unit.

Chaque rassemblement humain constitue une société qui, à l'image de la personne humaine, est tripartite. Chaque être humain aspire au vrai par son intelligence, au bien par sa libre volonté et au beau par son cœur.
La société est ainsi constituée : le vrai (représenté par les enseignants, le clergé, …), le bien (représenté par la noblessse, les militaires, la police, …) et le beau (représenté par les différents métiers). Toute désarticulation entre ces trois fonctions entraîne soit une forme de dictature ou d'anarchie. Le pouvoir temporel (législatif, exécutif et judiciaire) est le garant du bon fonctionnement de la société. Cela est le fruit de l'expérience et du raisonnement de l'esprit humain créé par Dieu.

Les chrétiens sont invités – pour que l'année sainte soit une réussite – à s'engager – dans la pratique de la présence de Dieu. Au lieu de remuer en nous-mêmes idées et images, parlons à Dieu de ces idées et de ces images qui nous viennent à l'esprit. Au lieu de nous énerver intérieurement sur les autres, parlons à Dieu des autres, de nos proches. Faisons de nos pensées intérieures et de nos activités quotidiennes une occasion d'aimer Dieu, de le prier, de lui demander pardon, de lui rendre grâce.

Chapitre 2

La présence surnaturelle de Dieu dans notre monde ou comment Dieu s'est dévoilé à nous et nous a introduits dans sa vie intérieure

Avant la venue de Jésus déjà, Dieu se révèle en se choisissant un peuple. L'histoire de l'alliance de Dieu (en latin, testamentum) et de son peuple est consignée dans les Saintes Ecritures (qu'on appelle Ancien ou Premier Testament).

1. Dans le Christ, Fils unique, naturel et éternel de Dieu, Dieu est tout entier présent et entre dans une relation directe avec son peuple et par celui-ci avec tous les peuples de la terre. Dieu se constitue un peuple nouveau et universel qu'est l'Eglise.

2. Dans l'Eglise, le Christ est tout entier présent « là où deux ou trois sont réunis en son nom » (Mt 18, 20).

 3. Le Christ ressuscité, Parole de Dieu faite chair, se rend visible et audible dans l'écoute des Saintes Ecritures et la Sainte Tradition.

4. Le Christ par l'action de l'Esprit Saint se rend présent à notre âme et à celle de notre prochain à travers la grâce des sacrements.
Le Christ est présent en nous tout comme il est présent à la Vierge Marie, aux anges, aux bienheureux et aux saints tout comme à nos fidèles défunts.

Le Christ est venu habiter et demeurer en nous ; il prie en nous.
« Si quelqu'un m'aime, il gardera ma parole, et mon Père l'aimera, et nous viendrons à lui, et nous ferons chez lui notre demeure (Jn 14, 22).

Au cours de cette année sainte, rappelons-nous que notre première union avec le Christ s'est réalisée dans le baptême, union à la vie mais surtout à la mort et à la résurrection du Christ.

Chaque jour nous apprenons à mourir avec le Christ (mourir à nous-mêmes) ; chaque jour nous apprenons à ressusciter avec le Christ en recevant la grâce qui nous transforme et fait de notre vie un don de nous-mêmes à Dieu en travaillant au bien humain et surnaturel de notre prochain.

Il faut que l'amour que nous avons pour Notre-Seigneur rayonne autour de nous et rejaillissse sur tous les hommes.

Chapitre 3
Mais qui est le Christ ? Vivre chrétiennement, c'est vivre avec le Christ

Le chrétien est appelé à vivre du Christ et donc aussi à l'imiter. Imiter quelqu'un n'est pas le mimer. Autrement on serait plus chrétien en parlant l'araméen, en s'habillant comme les hommes s'habillaient à l'époque de Jésus, en prononçant les mêmes mots que Jésus.

Tout le monde a fait l'expérience que redire les mêmes phrases dans un contexte différent ou dites par une personne différente de par ses convictions et son tempérament peut en changer complètement le sens ou la portée.

Imiter le Christ ne signifie donc pas reproduire les faits et gestes de la vie extérieure de Jésus mais reproduire dans notre âme les vertus et les dons de l'âme de Jésus. Ces vertus et dons surnaturels nous feront produire des paroles et des gestes conformes à la portée des paroles et des gestes que le Seigneur Jésus a produits pendant sa vie terrestre.

Tout être humain se distingue de l'animal par la conscience de soi-même. Cette conscience de soi-même nous fait découvrir que nous ne sommes pas tout et que nous sommes distincts du monde dans lequel nous vivons ainsi que des personnes qui nous entourent. C'est ainsi que naît l'idée d'un absolu et d'un <u>relat</u>if (en <u>rela</u>tion avec l'absolu).

Le corps de Jésus est animé par une âme spirituelle (principe animateur et organisateur du corps). Corps et âme de Jésus sont portés par sa Personne divine de Fils de Dieu qui loin d'écraser ou d'affaiblir son humanité la relève, la faisant modèle de toute humanité et donnant à la personnalité de Jésus un charme jamais vu. Ses paroles et ses gestes pénètrent l'âme de ses auditeurs et leur révèlent ce qu'ils sont en profondeur.

L'âme de Jésus comme toute âme humaine est douée de conscience de soi, d'intelligence ou raisonnement et de libre volonté.

1. <u>La conscience de soi</u> ne signifie pas pour Jésus qu'il était directement conscient de tout. Dans son humanité Jésus a dû prendre conscience de ce qui le précède et l'influence sans l'avoir directement voulu, ce qu'on appellerait l'infraconscient pour reprendre les distinctions du philosophe catholique Jacques Maritain. En vertu de sa divinité mais déjà en vertu de son humanité Jésus a pris conscience de ce qui est au-delà et devant lui, le supraconscient. Un des meilleurs exemples sont les inspirations que nous n'avons pas cherchées mais une fois présentes, nous pouvons les accepter consciemment et les réaliser.

2. <u>L'intelligence</u> de Jésus était à la fois divine et humaine tout comme sa science qui en est l'expression. Comme tout homme Jésus possède une science acquise ou expérimentale. Jésus a appris à lire, à connaître par son expérience en grandissant dans son village, en réfléchissant, en priant.

Comme Jésus possède une science divine et n'est qu'une seule personne, quelque chose de sa science divine se communiquait à sa science humaine, ce qu'on appelle la science infuse.

A côté de cette science infuse, dans la partie la plus spirituelle de son âme raisonnable, Jésus possédait une science béatifique qui faisait que Jésus était en relation continuelle avec Dieu et percevait parfaitement qui est Dieu et ce que Dieu attend de Lui.

3. <u>La libre volonté</u> de Jésus était aussi double, humaine et divine. La volonté humaine de Jésus n'était pas déterminée. C'est volontairement que Jésus épousait toujours dans sa libre volonté humaine la volonté divine. Si l'intelligence a pour finalité la science ou la connaissance, la libre volonté a pour finalité de mettre en pratique les vertus présentes dans l'âme de Jésus unie à sa divinité.

Parmi les vertus on disitngue les vertus théologales qui ont Dieu pour origine (la foi, l'espérance et la charité) et les vertus morales dont les quatre principales sont appelées vertus cardinales (la prudence, la justice, la force et la tempérance). Si les vertus théologales sont toujours infusées dans notre âme, les vertus morales par-contre peuvent être naturelles et dites acquises (parce qu'elles sont acquises par une discipline personnelle). Elles peuvent être aussi surnaturelles et dites infusées (infusées par l'Esprit Saint en notre âme).

Les dons du Saint-Esprit comme son nom l'indique nous sont directement donnés par Dieu (la sagesse, l'intelligence, le conseil, la force, la science, la piété et la crainte de Dieu).

Les vertus surnaturelles et les dons du Saint-Esprit ont fait apparaître dans la vie de Jésus toutes les qualités et tous les états d'âme que nous décrivent les béatitudes (Mt 5, 1-12) et les fruits du Saint-Esprit (Ga 5, 22-23).

Bref nous confessons que Jésus est une Personne, le Fils de Dieu en une double nature divine et humaine : une Personne et deux natures.

Si Jésus a une nature humaine et pas de nature divine, Dieu ne s'est pas fait homme ; il n'est pas devenu l'un de nous et le Fils de Dieu n'est pas une Personne divine.

Si Jésus a une nature divine et pas de nature humaine, Il est bien la Personne divine du Fils de Dieu mais il ne s'est pas vraiment fait homme et il n'a qu'une apparence d'homme et donc on n'est pas vraiment sauvé.

Si Jésus a deux natures sans être une seule Personne divine, il est comme deux personnes juxtaposées ; il est la simple union morale de deux personnes mais donc pas vraiment Fils de Dieu au sens où on l'entend : Dieu fait homme (une union hypostatique : la Personne divine du Fils de Dieu fait homme, vrai Dieu et vrai homme).

Il nous faut apprendre à distinguer personne et nature. Prenons quelques exemples :

1. On dit que Dieu a mangé car la Personne divine du Fils de Dieu a mangé dans sa nature humaine mais on ne peut pas dire que la divinité (la nature divine) a mangé.

2. On dit que Dieu est mort sur la croix car la Personne divine du Fils de Dieu est morte dans sa nature humaine mais on ne peut pas dire que la divinité (la nature divine) est morte.

3. On dit que Marie est la Mère de Dieu car la Personne du Fils de Dieu s'est développée dans sa nature humaine en son sein mais on ne peut pas dire que Marie est la Mère de la divinité (la nature divine) car Marie ne donne pas naissance à la nature divine qui est éternelle. Maternité divine ne veut pas dire que Marie engendre la nature divine mais bien Dieu dans sa nature humaine.

L'année sainte 2025 commémore deux grands enseignements sur le Christ : le 1700ème anniversaire du concile de Nicée (en 325) qui a défini que le Fils de Dieu est Dieu de toute éternité et le 100ème anniversaire de la lettre encyclique « Quas primas » du Pape Pie XI (en 1925) définissant le Christ comme vrai Roi.

En disant que Dieu est tout entier Père et tout entier Fils, on pourrait penser qu'il y aurait deux dieux ou bien que le Fils de Dieu ne serait pas vraiment Dieu ; en s'inspirant des écrits du Nouveau Testament, le concile de Nicée (aujourd'hui la ville turque d'Iznik près d'Istanbul) affirme que le Fils de Dieu est vraiment Dieu parce qu'il naît de Dieu non pas dans le temps mais éternellement si bien que le Fils de Dieu est Dieu né éternellement de Dieu. Jésus est ainsi le Fils « naturel » de Dieu, unique, engendré et naissant éternellement de Dieu.

Parce que Jésus a Dieu pour Père, il possède la nature divine et parce qu'il a Marie comme Mère, il possède la nature humaine. Jésus est donc bien l'égal de Dieu avec une double nature, divine et humaine.

Dans l'encyclique « Quas primas », le Pape Pie XI montre que le Christ est vrai Roi. Il exerce une royauté spirituelle mais aussi quoiqu'indirectement une royauté temporelle.

Cette vérité est salutaire car en oubliant le Christ comme Roi, la société tombera vite dans la dictature d'idées et de personnes éloignées de l'Evangile ou bien alors dans l'anarchie.

En bref

Jésus de Nazareth (Jésus veut dire « Dieu sauve ») est né au plus tard en l'année -4 de notre ère et est mort crucifié à Jérusalem le vendredi 7 avril 30 du calendrier julien. Ressuscité il s'est montré vivant pendant plusieurs semaines à de nombreux témoins.

Jésus est le Messie ou le Christ : le mot Christ vient du grec et le mot Messie vient de l'hébreu. Les deux mots se traduisent par oint, ce qui veut signifier choisi ou envoyé par Dieu.

Jésus est le Fils de Dieu : le Fils de Dieu existe depuis toujours et naît éternellement de Dieu son Père. Jésus est vrai Dieu et vrai homme. Dire que Jésus est **Seigneur**, c'est dire que Jésus est l'égal de Dieu.

Jésus est Prophète : Jésus nous dit les paroles et les pensées de Dieu.

Jésus est Prêtre : Jésus s'offre à Dieu (prêtre) et est offert à Dieu (victime) pour que nos péchés soient effacés et que nous vivions de la vie de Dieu qui est Paternité, Filiation et Esprit d'Amour. On dit que Jésus nous a rachetés : il est notre **Rédempteur** ou notre **Sauveur**.

Jésus est Roi : Jésus est **Roi dans l'ordre spirituel**. Il règne sur nos cœurs et nos âmes en nous nourrissant de la Parole de Dieu écrite dans les Saintes Ecritures et transmise dans l'Eglise. Il nous fait participer à sa propre filiation et à sa propre vie par les sacrements qui nous donnent vertus surnaturelles et dons du Saint-Esprit.

Mais Jésus est aussi **Roi des peuples et des nations** même si le pouvoir temporel est exercé par les Etats et leurs gouvernants qui régulent la vie sociale en travaillant au bien commun qui favorise la justice.

Lorsque Jésus n'est pas reconnu comme roi dans l'ordre temporel, soit le pouvoir temporel glisse vers la dictature ou inversement l'individu devient roi, ce qui entraîne la dislocation de la vie sociale.

Le principe de subsidiarité enseigne que chaque personne ou entreprise, dans les biens qu'il produit et les services qu'il rend, coopère au bien de chacun et de tous. Pour le bon fonctionnement de la société, le principe de subsidiarité rappelle qu'on ne doit jamais faire appel à un niveau supérieur pour résoudre un problème qui peut être solutionné à un échelon inférieur.

Chapitre 4
Le Saint-Esprit, âme de l'Eglise et de son apostolat

Sans le Saint-Esprit, l'Eglise serait une institution sociale et même religieuse qui ne nous communique pas la vie du Christ appelée vie de la grâce et qui est la vie même de Dieu.

C'est la vision mondaine de l'Eglise. Ainsi l'Eglise pourrait disparaître non seulement numériquement mais aussi visiblement car elle ne serait qu'une modulation d'un naturalisme social et religieux universel. Ainsi assiste-t-on dans les pays sécularisés à l'effondrement du nombre d'enfants baptisés dans la première année mais même pour ceux qui le demandent pour leurs enfants, le baptême apparaît comme un rite d'initiation à l'occasion de la naissance. De plus en plus de parents veulent que leur enfant soit baptisé le jour de leur premier anniversaire.

Ainsi le baptême apparaît comme une des expressions d'une gnose philosophique dans laquelle l'eau est liée à la vie ou encore à la purification, idée qu'on retrouve dans toutes les religions. Ou encore la demande de baptême est le reflet d'une gnose populaire qui enseigne que l'enfant peut guérir ou être épargné de la maladie, être protégé, être en relation avec ses aïeux. Ce qui est dit ici du baptême on pourrait le dire de la confirmation, de l'Eucharistie et du mariage. Ce qui me sauve ce n'est pas le Christ mais le rite et ma croyance.

Au cours des dernières décennies cette situation s'est aggravée partout dans le monde sans qu'on observe beaucoup de réactions de la part de ceux qui sont à la tête des Eglises et communautés chrétiennes. On se réjouit de l'augmentation des baptêmes d'adultes bien que ceux-ci apparaissent parfois comme le résultat d'une quête d'identité.

A contrario d'autres prétendent avoir une relation particulière et unique avec Dieu comme si en-dehors de la foi, on pouvait toucher Dieu sur la terre. On pense à la multiplication des révélations privées, locutions intérieures, apparitions, visions, expériences qui trouveraient son origine dans l'Esprit Saint, … Un charisme est aussi communiqué à travers la vertu de la foi.

La foi en l'Esprit Saint fait découvrir que tout sacrement et toute la vie de l'Eglise digne de ce nom est relation réelle et vivante avec le Christ ressuscité qui communique la présence agissante et aimante de Dieu à toute l'humanité et à toute la création. Les phénomènes dits surnaturels peuvent en être l'expression mais n'en sont que l'expression.

Chapitre 5
Le Cœur de Jésus, synthèse de toute notre foi

Le Pape Pie XII a montré en 1956 dans sa lettre encyclique « Haurietis aquas in gaudio » que la dévotion au Cœur de Jésus n'est pas une dévotion à côté d'autres mais qu'elle exprime la personnalité profonde de Jésus qui a aimé Dieu et l'humanité avec un cœur divin, humain et sensible.

Le coeur désigne le centre, l'âme de la personne. Jésus est vraiment un homme mais il n'est pas une personne comme nous ; Il est une Personne divine, le Fils unique et éternel de Dieu. Aussi le Cœur de Jésus est divin et humain.

La dévotion au Cœur de Jésus nous rappelle que toutes les connaissances de Jésus (fruits de son intelligence humaine et divine) et toutes ses actions (fruits de sa volonté humaine et divine) sont la conséquence et l'expression de son immense amour pour Dieu et pour tous les êtres humains. L'amour de Jésus pour Dieu et pour nous est un amour à la fois divin, humain et sensible.

1. <u>amour divin</u> : comme Fils de Dieu, l'amour du Christ est l'expression parfaite et directe de l'amour de Dieu pour nous.

2. <u>amour humain</u> : comme homme, le Christ travaille au bien physique, moral, spirituel de chacun et chacune.

3. <u>amour sensible</u> : le Christ connaît l'amour (du prochain), la haine (du mal), le désir (d'accomplir la volonté de Dieu), la crainte (d'offenser Dieu), la joie, la tristesse et la colère (devant l'injustice, l'hypocrisie).

Le Christ nous a tout donné, se donnant lui-même dans sa Passion et dans l'Eucharistie (et les autres sacrements). Il nous a donné son Esprit et l'Eglise dont Marie est le modèle pour nous guider à sa rencontre et lui demeurer fidèles.

Le commandement d'aimer Dieu est le fondement du salut éternel ; nous sommes plus soucieux de nous demander ce que Dieu va faire pour nous que de l'aimer pour tout ce qu'il nous donne continuellement. Chacun et chacune croit librement mais en choisissant de ne pas croire nous nous détournons de notre libre vouloir dont la nature est de chercher Dieu (l'absolu) et de l'aimer dans les actions concrètes de tous les jours.

Acte de charité

« Mon Dieu, je vous aime par-dessus toutes choses, de tout mon cœur, de toute mon âme et de toutes mes forces, parce que vous êtes infiniment bon et souverainement aimable, et j'aime mon prochain comme moi-même pour l'amour de vous. »

Lorsu'on parle du cœur dans le langage biblique, on en parle un peu dans le sens qu'il a dans les expressions : le cœur du problème, au cœur de mon existence, c'est le cœur de la question.

Découvrir le Cœur de Jésus, c'est découvrir qui est Jésus en Lui-même et ce qui anime sa vie.

Découvrir qui est Jésus, c'est découvrir que sa nature, la réalité de son être est d'être Fils, de se recevoir continuellement de l'amour de Dieu son Père, de se donner à Lui par amour et de nous aimer jusqu'au bout.

Le chrétien par la foi de son baptême et la grâce participe à la filiation de Jésus. Jésus est Fils par nature et nous le sommes par adoption. Notre adoption n'est pas semblable aux enfants adoptifs. Les enfants adoptifs ne sont pas des enfants naturels mais nous-mêmes fils ou filles adoptifs nous participons vraiment à la nature divine du Christ, Dieu Lui-même.

Le Cœur glorieux de Jésus ressuscité

Aujourd'hui Jésus par sa résurrection inaugure un monde nouveau dans lequel les distances et les temps sont abolis.

Sa nature glorieuse le rend immanent et transcendant à la fois à toute la création. Avec lui et en lui nous sommes reliés à toute la création et élevés jusqu'en Dieu.

Le corps glorieux de Jésus est le moyen par lequel Jésus est en relation avec chaque personne vivante et défunte ; il est ce par quoi Jésus domine et sert à la fois tout le monde créé.

Par sa glorification Jésus met Dieu à la portée de l'univers créé ou bien – ce qui revient au même – élève l'univers jusqu'en Dieu.

Lorsqu'une personne perd de vue que sa liberté est une liberté créée, il use de sa liberté comme un absolu et finalement en la détournant de Dieu et du prochain, il la perd.

Il en est ainsi des sociétés : absolutiser une personne ou une idée qui n'est pas Dieu, et la société perdra la vraie liberté : démocratie libérale, autocratie monarchique ou oligarchique, fondamentalisme et dictature.

On trouve dans le 7ème chapitre la prière de consécration du genre humain au Christ Roi (au Sacré-Cœur) du Pape Pie XI ainsi que l'acte de réparation au Sacré-Cœur. On y trouve aussi les litanies du Sacré-Cœur.

Chapitre 6
Les Cœurs glorieux de Jésus et Marie

Rappelons que nous entendons le mot « cœur » au sens biblique, centre de la personne d'où émerge ce qui est propre à notre âme humaine et spirituelle : intelligence et mémoire, libre volonté, affectivité et passions.

Dans le cœur glorieux de Jésus, il y a une pensée et une prière de Jésus pour chacun et chacune d'entre nous mais dans le cœur même de Jésus se trouve Marie ; de même on peut dire que le cœur de Marie, c'est Jésus. Si Marie animée par l'Esprit Saint ne cesse de nous donner Jésus, l'inverse est vrai aussi, Jésus nous donne Marie et nous la montre comme sa mère et notre mère mais aussi comme sa plus parfaite disciple.

Dans la gloire céleste, Jésus et Marie ont comme un même cœur, une même pensée, une même prière. Lorsque dans nos pensées, nos désirs et nos prières, tout notre amour et notre admiration sont pour Jésus et Marie, alors le ciel n'est pas au-dessus de nous mais au-dedans de nous.

Le cœur de Jésus, c'est Marie et le cœur de Marie, c'est Jésus. Les cœurs de Jésus et Marie ne forment que comme un seul cœur, un seul amour : c'est l'amour pour Dieu Trinité et pour notre salut.

Le salut est arrivé pour nous lorsque comme Marie, toute la place est pour Jésus dans notre cœur et pour le salut de notre prochain.

Parce que nous ne sommes pas préoccupés d'aimer Dieu, nous sommes préoccupés par autre chose ; nous ne sommes alors jamais satisfaits et notre cœur est sans repos, ni joie, ni paix contrairement aux cœurs de Jésus et de Marie.

C'est du cœur de Jésus que sortent toutes les faveurs et libéralités dont il nous gratifie.

En effet de par sa divinité Jésus nous donne d'être et de vivre. Il nous donne le monde que Dieu a pensé, créé et voulu. Il nous communique Dieu comme un Père dont il est le Fils unique ; il nous donne aussi l'Esprit Saint, l'Eglise et ses sacrements.

Le chrétien accueille le cœur du Christ pour que le cœur du Christ prenne la place de son cœur. Rempli de l'amour de Dieu et de tous ceux qui sont dans le cœur du Christ, le chrétien déborde de charité dans sa prière et ses actions.

Marie porte dans son cœur le cœur du Christ qui porte lui-même Marie.

Jésus a aimé sa Mère par-dessus tout ; il a aimé les foules nombreuses qui étaient comme des brebis sans berger.

Il a aimé les pécheurs qu'il a réconciliés avec Dieu comme Zachée et Marie-Madeleine.

Il a aimé les malades et les blessés de la vie.

Il a aimé ceux qui ne comptaient pas vraiment dans la société comme les lépreux et les petits enfants.

Il a regardé ceux qui cherchaient une vie plus parfaite comme le jeune homme riche.

Le but de la mission du coeur de Jésus est de faire aimer Dieu et de nous aider à Lui ressembler.

Chapitre 7
Prier au cours de l'année sainte

1. Au début de la journée

En traçant sur nous le signe de la croix, nous nous rappelons ce que Jésus a fait pour nous en mourant sur la croix et comment il nous a obtenu la vie de la Sainte Trinité obtenue au baptême, fortifiée à la confirmation et nourrie dans l'Eucharistie. Nous pensons au sacrement de mariage ou au sacrement de l'ordre si nous les avons reçus.

Nous offrons notre journée par exemple en suivant l'apostolat de la prière avec l'intention mensuelle proposée par le Pape.

(Toute prière comme celle de Jésus est faite de quatre mouvements : adoration ou louange, action de grâce, intercession, demande de pardon ; il en est ainsi dans le sacrifice de la messe)

Divin Cœur de Jésus, je vous offre, par le Cœur Immaculé de Marie, les prières, les oeuvres, les souffrances et les joies de cette journée, en réparation de nos offenses et à toutes les intentions pour lesquelles vouv vous immolez continuellement sur l'autel. Je vous les offre en particulier (on cite alors l'intention universelle pour le mois ; voir la liste ci-dessous pour 2025) ainsi qu'avec l'intention d'obtenir (de gagner) toutes les indulgences que je puis obtenir (gagner).

Notre Père, qui es aux cieux, que ton nom soit sanctifié, que ton règne vienne, que ta volonté soit faite sur la terre comme au ciel. Donne-nous aujourd'hui notre pain de ce jour. Pardonne-nous nos offenses, comme nous pardonnons aussi à ceux qui nous ont offensés. Et ne nous laisse pas entrer en tentation, mais délivre-nous du mal. Amen.

Je vous salue Marie, pleine de grâce, le Seigneur est avec vous,
vous êtes bénie entre toutes les femmes et Jésus, le fruit de vos entrailles, est béni.
Sainte Marie, Mère de Dieu, priez pour nous, pauvres pécheurs,
maintenant et à l'heure de notre mort. Amen.

Gloire au Père, au Fils et au Saint-Esprit.
Comme il était au commencement, maintenant et toujours
dans les siècles des siècles. Amen.

Saint Joseph, priez pour nous
Mon (ma) saint(e) patron (-ne), priez pour nous

Mon saint ange gardien, priez pour nous
Archange saint Michel, priez pour nous

Tous les anges et saints de Dieu, priez pour nous
Âmes du purgatoire, priez pour nous

2. Pendant la journée

Nous pouvons lire les Saintes Ecritures, prier la liturgie des heures, nous adonner à l'oraison mentale, étudier le catéchisme ou une autre livre religieux.

Nous pouvons participer à la messe, à une adoration, visiter le Saint-Sacrement, nous confesser, faire jeûne (ex. une heure avant la comunion) et pénitence (ex. le vendredi)

Prier l'angelus (Regina caeli pendant le temps pascal) ou encore une façon de méditer le chapelet ou le Rosaire que l'on trouve ci-dessous après la liste des intentions de l'apostolat de la prière pour 2025.

3. Les intentions de prière du Pape pour l'année 2025

Janvier
Pour le droit à l'éducation des migrants.

Prions pour que le droit à l'éducation des migrants, des réfugiés et des personnes touchées par la guerre soit toujours respecté et garantisse ainsi la construction d'un monde meilleur.

Février
Pour les vocations sacerdotales et religieuses.

Prions pour que la communauté ecclésiale accueille les désirs et les doutes des jeunes qui ressentent l'appel à servir la mission du Christ dans la vie sacerdotale et religieuse.

Mars
Pour les familles en crise.

Prions pour que les familles divisées puissent trouver dans le pardon la guérison de leurs blessures, en redécouvrant la richesse de l'autre, même au cœur des différences.

Avril
Pour l'utilisation des nouvelles technologies.

Prions pour que l'utilisation des nouvelles technologies ne remplace pas les relations humaines, mais respecte la dignité des personnes et aide à affronter les crises de notre temps.

Mai
Pour les conditions de travail.

Prions pour que le travail permette à chacun de s'épanouir, aux familles de vivre dans la dignité et à la société de devenir plus humaine.

Juin
Pour grandir dans la compassion à l'égard du monde.

Prions pour que chacun d'entre nous trouve la consolation dans une relation personnelle avec Jésus et apprenne de son Cœur la compassion à l'égard du monde.

Juillet
Pour la formation au discernement.

Prions pour que nous apprenions à être toujours plus en mesure de discerner, pour choisir des chemins de vie et rejeter tout ce qui nous éloigne du Christ et de l'Évangile.

Août
Pour une cohabitation pacifique.

Prions pour que les sociétés où la cohabitation est difficile ne succombent pas à la tentation de l'affrontement pour des motifs ethniques, politiques, religieux ou idéologiques.

Septembre
Pour notre relation avec toute la Création.

Prions pour que, inspirés par saint François, nous fassions l'expérience de notre interdépendance avec toutes les créatures, aimées de Dieu et dignes d'amour et de respect.

Octobre
Pour la collaboration entre les différentes traditions religieuses.

Prions pour que les croyants de différentes traditions religieuses travaillent ensemble afin de défendre et de promouvoir la paix, la justice et la fraternité humaine.

Novembre
Pour la prévention du suicide.

Prions pour que les personnes tentées par le suicide trouvent dans leur communauté le soutien, l'attention et l'amour dont elles ont besoin, et s'ouvrent à la beauté de la vie.

Décembre
Pour les chrétiens qui vivent dans des contextes de conflit.

Prions pour que les chrétiens qui vivent dans des contextes de guerre ou de conflit, en particulier au Moyen-Orient, soient des semences de paix, de réconciliation et d'espoir.

Du Vatican, le 31 décembre 2023
Intentions de prière du pape François

4. La prière du Rosaire *(illustrations www.transmettre.fr)*

I   Les mystères joyeux

1. L'annonciation

La Vierge Marie prête sa personne à l'Esprit Saint qui lui donnera le Fils de Dieu selon une nature humaine. De façon un peu simpliste on a présenté l'Esprit Saint comme faisant office de père naturel à Jésus puisqu'il faut un homme et une femme pour faire un enfant. En effet l'Esprit Saint donne à Marie non pas la chair du Fils de Dieu mais la Personne elle-même du Fils de Dieu selon la chair ou avec une nature humaine.

L'Esprit Saint enveloppe Marie pour qu'elle donne au monde Jésus. Aujourd'hui encore Marie enveloppée de l'Esprit Saint nous donne et nous fait comprendre qui est Jésus. Dans le mystère de la Sainte Trinité, c'est le propre de la Personne divine du Saint-Esprit de donner Dieu, le Fils du Père. Seul Dieu (l'Esprit Saint) peut donner Dieu.

L'annonciation nous fait découvrir en Marie une femme qui a bien les deux pieds sur terre mais qui toute centrée sur Dieu et tournée vers son peuple (le peuple juif) que Dieu a voulu comme intermédiaire de salut pour tous les peuples de la terre.

2. La visitation

Le mot visitation enlève le caractère banal du mot visite ; dans le langage ecclésial, on parle de visite pastorale pour signifier qu'on ne s'apporte pas soi-même mais qu'on se laisse porter par le Christ dont on est appelé à manifester la charité : cette charité se traduit par l'attention aux propos des autres, la délicatesse, la prudence dans le jugement, la prévenance, …

On pourrait dire que lorsque Marie – comme pour tous les saints à travers l'histoire – se déplace, le Seigneur se déplace avec elle et se laisse voir par ceux et celles qui ont l'occasion de rencontrer Marie.

3. La naissance de Jésus

Les circonstances de la naissance d'un enfant sont souvent signe précurseur de ce que sera cet enfant. Sauveur du monde, Jésus naît dans une certaine indifférence et un certain isolement. Jésus mourra seul sur la Croix. Le commencement de la vie de Jésus nous fait entrevoir son terme. Né dans l'indifférence et l'isolement, Jésus mourra seul en partageant ainsi la vie de beaucoup de nos contemporains.

4. La présentation de Jésus au Temple

L'Enfant Jésus est donné en même temps qu'il se donne à son Père au Temple de Jérusalem. Le Temple de Jérusalem est la maison de Dieu et donc de Jésus. Il s'y rendra de nombreuses fois en pèlerinage et quelque temps avant son arrestation, il bravera l'hostilité de bien des Juifs voulant l'arrêter et le lapider pour blasphème à cause de sa prétention d'être traité à l'égal de Dieu.

5. Jésus perdu et retrouvé au Temple

Cet épisode met en évidence que Jésus doit être aux affaires de son Père mais qu'en même temps le fait qu'il soit resté au Temple n'est pas notre affaire ni même la sienne mais l'affaire de son Père.

II   Les mystères lumineux

1. Le baptême de Jésus

Le baptême est pour Jésus une forme d'humiliation volontaire lui qui est sans péché ; c'est ainsi que Jésus sauve le monde et c'est ainsi que nous sauvons le monde. En portant le péché du monde, nous faisons apparaître le péché aux yeux de ceux qui le commettent ;

nous rendons le péché visible dans notre personne et nous provoquons chez les autres le dégoût du mal. Jésus est condamné à mort pour blasphème ; il s'est trompé et a trompé les autres. Notre grand malheur est le mensonge dans lequel nous vivons et le démon qui est le père du mensonge.

Jésus sera déouvert innocent et le mensonge qui nous habite est rendu visible et commence à être rejeté dans la conversion à la personne de Notre-Seigneur Jésus-Christ.

2. Les noces de Cana

Les noces de Cana constituent le premier signe que Jésus accomplit et le début de son ministère. La vie matrimoniale est sanctifiée parce que Jésus a une place dans le couple et la famille qui, tournée vers elle-même, est maintenant tournée vers Dieu pour le bien des enfants et l'édification de la société et de l'Eglise. C'est le vin qui réjouit le cœur de l'homme et qui crée la nouveauté d'un nouveau lien entre les personnes.

3. La prédication du Royaume de Dieu

L'originalité de l'enseignement de Jésus ou sa nouveauté réside dans l'annonce du Royaume. L'Evangile ne nous dit pas ce qu'est le Royaume mais nous le fait entrevoir. Là où est Jésus le Christ, le Royaume est présent car il est tout entier réalisé dans la personne adorable de Notre-Seigneur Jésus-Christ et il grandit dans les personnes rassemblées avec Jésus et autour de Lui.

4. La transfiguration

La transfiguration fait entrevoir à Pierre, Jacques et Jean qui est Jésus et ce qu'il deviendra. Qui est Jésus ? Jésus est le Fils unique de Dieu dont le voile de l'humanité se détache pour faire entrevoir sa divinité. Jésus tend vers sa glorification mais le moment n'est pas encore arrivé et il faut descendre de la montagne pour souffrir, mourir et enfin ressusciter.

La transfiguration nous montre qui est Jésus mais aussi ce que nous sommes et ce que nous deviendrons. Comme Jésus, par nature, mais nous, par grâce, nous participons à la filiation divine de Jésus par la grâce des sacrements ; nous sommes rendus participants de la nature divine (2 P 1, 4).

5. L'institution de l'Eucharistie

A la veille de sa passion, Jésus institue l'Eucharistie (mot grec qui signifie action de grâce) qui est son testament et qui le rendra présent dans le don de lui-même, don qu'il a fait une fois pour toutes dans sa passion et sa mort librement acceptée. La vie chrétienne est à l'image de celle du Christ un don et une offrande de soi-même pour la glorification de Dieu ainsi que pour le bien humain et surnaturel du prochain. Le sommet de l'amour, c'est de mourir à soi-même pour que les autres plaisent à Dieu.

III   Les mystères douloureux

1. L'agonie de Jésus

Dans son corps et son cœur, Jésus vit le combat entre le bien et le mal, entre le désir de se donner pour le salut de tous et la peur de souffrir en vain pour une humanité qui refuserait le salut offert en Jésus.

2. La flagellation

La chair déchirée et arrachée de Jésus contraste avec notre sensualité paresseuse et jamais satisfaite dans les désirs et les actes. Triste repli sur soi-même la concupiscence nous éloigne de la joie du don et de l'humble accueil de la grâce.

3. Le couronnement d'épines

Que d'idées et d'images n'avons-nous pas dans la tête qui nous empêchent d'accueillir la Parole de Dieu et d'écouter le prochain sans précipitation et sans jugement téméraire.

4. Le portement de la croix

Ne nous trompons pas. Jésus porte une croix mais c'est ma croix qu'il porte, péchés et faiblesses qui m'appesantissent et me privent de la vraie liberté d'aimer Dieu et de rechercher le bien de mon prochain, l'autre dont je me fais proche.

Porter la croix est la nouvelle sagesse apportée par Jésus. Elle est différente de la sagesse du monde, sagesse des discours percutants ou bien pesés, sagesse des actions éclatantes qui épatent mais ne convertissent pas.

5. La crucifixion

Jésus qui s'est identifié au péché se laisse cloué et immobilisé sur la croix ; immobilisés nous le sommes aussi par nos péchés qui nous empêchent d'avancer, de donner, de nous donner.

IV   Les mystères glorieux

1. La résurrection

La résurrection de Jésus est la base de l'expansion du christianisme ; sans la résurrection, le nom de Jésus de Nazareth serait tout au plus un nom dans un dictionnaire, nom que portaient beaucoup d'hommes juifs. La résurrection de Jésus inaugure un monde nouveau dans lequel l'homme n'est plus dominé par l'univers mais le domine. Vainquant définitivement tout péché, toute faiblesse ou limite, Jésus ressuscité inaugure un monde nouveau.

2. L'ascension

L'ascension de Jésus annonce la fin des manifestations de Jésus ressuscité à ceux et celles qui l'ont connu pendant sa vie terrestre. Désormais Jésus n'est plus de ce monde mais le monde qu'inaugure la Personne du Fils de Dieu fait homme glorifié est plus proche de Dieu. Toutefois aux yeux de la foi chrétienne le monde dans lequel nous vivons devient incompréhensible sans l'action réelle mais mystérieuse du Christ ressuscité.

3. La descente du Saint-Esprit (Pentecôte)

L'Esprit Saint fait vivre le Christ en nous et dans l'Eglise dont il en est l'âme. Par l'Esprit Jésus n'est pas un personnage du passé, ni non plus séparé de nous au plus haut des cieux.

C'est l'Esprit Saint qui fait habiter le Christ dans nos cœurs par la foi et la charité.

4. L'assomption

L'assomption de Marie dans son âme et aussi dans son corps est le garant que ce que Jésus a réalisé par sa mort et sa résurrection est bien vrai et porte du fruit. Ainsi l'assomption apparaît comme une anticipation de ce que nous-mêmes et le monde entier deviendrons à l'image du Christ ressuscité glorieux.

5. Le couronnement

Par son couronnement, Marie est associée à la royauté de son Fils devenant la femme la plus célèbre de l'humanité bien au-delà des vedettes de la chanson, femmes engagées dans la politique, l'aide humanitaire, … Ci-joint prière à Notre-Dame, Reine du ciel et de la terre :

Notre-Dame, Reine du ciel et de la terre,

Soyez la Reine de ceux qui sont abandonnés et isolés.

Soyez la Reine de ceux qui s'efforcent de bien penser et de bien agir.

Soyez la Reine de ceux qui doutent et de ceux qui croient.

Soyez la Reine de tous les peuples et de toutes les nations, veillant sur votre peuple,
le peuple juif.

Soyez la Reine de ceux qui professent l'Islam et louent votre sainteté et votre virginité.

Soyez la Reine de tous les chrétiens qui croient que Jésus a reçu la nature humaine qui fait de Vous sa Mère et la nature divine qui fait de Dieu son Père, proclamant ainsi que Jésus, Fils de Dieu, est vrai homme et vrai Dieu.

Notre Père qui es aux cieux, ...

Je vous salue Marie, ...

Gloire au Père, et au Fils, et au Saint-Esprit, ...

Cœur Sacré de Jésus, j'ai confiance en Vous.

Coeur douloureux et immaculé de Marie,

priez pour nous qui avons recours à Vous.

5. La prière au Sacré-Cœur de Jésus

Prier le Sacré-Cœur de Jésus, c'est contempler l'amour débordant du Christ pour les hommes, c'est fixer son attention sur le cœur aimant de Jésus, infiniment compatissant et miséricordieux.

Les litanies du Sacré-Cœur de Jésus, popularisées vers 1720 par la Vénérable Anne-Madeleine Remuzat, visitandine religieuse de Marseille, ont été d'un puissant secours lors de la terrible peste qui dévasta la cité phocéenne à cette époque.

Approuvées par la Sacrée Congrégation des Rites (aujourd'hui le dicastère pour le culte divin et la discipline des sacrements), les litanies comptent aujourd'hui 33 invocations qui correspondent aux 33 années de vie du Christ.

On peut les diviser en trois parties : la nature du Cœur de Jésus, l'attrait du Cœur de Jésus et le rôle du Cœur de Jésus. Les litanies ont été reconnues comme prière officielle, liturgique pour l'Église universelle le 2 avril 1899.

Seigneur, *ayez pitié de nous.*
Jésus-Christ, *ayez pitié de nous.*
Seigneur, *ayez pitié de nous.*
Jésus-Christ, *écoutez-nous.*
Jésus-Christ, *exaucez-nous.*
Père céleste, qui êtes Dieu, *ayez pitié de nous.*
Fils, Rédempteur du monde, qui êtes Dieu, *ayez pitié de nous.*
Esprit-Saint, qui êtes Dieu, *ayez pitié de nous.*
Trinité Sainte, qui êtes un seul Dieu, *ayez pitié de nous.*

Cœur de Jésus, Fils du Père éternel, *ayez pitié de nous.*
Cœur de Jésus, formé par le Saint-Esprit dans le sein de la Vierge, votre Mère,
ayez pitié de nous.
Cœur de Jésus, uni substantiellement au Verbe de Dieu, *ayez pitié de nous.*
Cœur de Jésus, d'une infinie majesté, *ayez pitié de nous.*
Cœur de Jésus, temple saint de Dieu, *ayez pitié de nous.*
Cœur de Jésus, tabernacle du Très-Haut, *ayez pitié de nous.*
Cœur de Jésus, maison de Dieu et porte du ciel, *ayez pitié de nous.*

Cœur de Jésus, fournaise ardente de charité, *ayez pitié de nous.*

Cœur de Jésus, sanctuaire de la justice et de l'amour, *ayez pitié de nous.*

Cœur de Jésus, plein d'amour et de bonté, *ayez pitié de nous.*

Cœur de Jésus, abîme de toutes les vertus, *ayez pitié de nous.*

Cœur de Jésus, très digne de toute louange, *ayez pitié de nous.*

Cœur de Jésus, Roi et centre de tous les cœurs, *ayez pitié de nous.*

Cœur de Jésus, en qui sont tous les trésors de la sagesse et de la science, *ayez pitié de nous.*

Cœur de Jésus, en qui réside toute la plénitude de la Divinité, *ayez pitié de nous.*

Cœur de Jésus, en qui le Père a mis toutes ses complaisances, *ayez pitié de nous.*

Cœur de Jésus, de la plénitude duquel nous avons tous reçu, *ayez pitié de nous.*

Cœur de Jésus, désiré des collines éternelles, *ayez pitié de nous.*

Cœur de Jésus, patient et très miséricordieux, *ayez pitié de nous.*

Cœur de Jésus, prodigue de bienfaits envers tous ceux qui vous invoquent, *ayez pitié de nous.*

Cœur de Jésus, source de vie et de sainteté, *ayez pitié de nous.*

Cœur de Jésus, propitiation pour nos péchés, *ayez pitié de nous.*

Cœur de Jésus, rassasié d'opprobres, *ayez pitié de nous.*

Cœur de Jésus, broyé à cause de nos péchés, *ayez pitié de nous.*

Cœur de Jésus, obéissant jusqu'à la mort, *ayez pitié de nous.*

Cœur de Jésus, percé par la lance, *ayez pitié de nous.*

Cœur de Jésus, source de toute consolation, *ayez pitié de nous.*

Cœur de Jésus, notre vie et notre résurrection, *ayez pitié de nous.*

Cœur de Jésus, notre paix et notre réconciliation, *ayez pitié de nous.*

Cœur de Jésus, victime des pécheurs, *ayez pitié de nous.*

Cœur de Jésus, salut de ceux qui espèrent en vous, *ayez pitié de nous.*

Cœur de Jésus, espérance de ceux qui meurent en vous, *ayez pitié de nous.*

Cœur de Jésus, délices de tous les saints, *ayez pitié de nous.*

Agneau de Dieu qui effacez les péchés du monde, *pardonnez-nous, Seigneur.*

Agneau de Dieu qui effacez les péchés du monde, *exaucez-nous, Seigneur.*

Agneau de Dieu qui effacez les péchés du monde, *ayez pitié de nous, Seigneur.*

Jésus, doux et humble de cœur.

Rendez notre cœur semblable au vôtre.

Prions. Dieu tout-puissant et éternel, abaissez vos regards sur le Cœur de votre Fils bien-aimé et sur les louanges et satisfactions qu'il vous rend au nom des pécheurs ; ils implorent votre miséricorde : accordez-leur grâce et pardon au nom de ce même Jésus-Christ, votre Fils, qui vit et règne avec vous, en l'unité du Saint-Esprit, dans les siècles des siècles. Ainsi soit-il.

Consécration du genre humain au Christ Roi (au Sacré-Cœur)

Depuis le Pape Pie XI, il est prévu que cette consécration soit récitée le jour de la fête du Christ Roi (cf. encyclique Quas Primas du 11 décembre 1925).
Le texte original de Léon XIII a été modifié par Pie XI en 1925 puis par Jean XXIII en 1959.

Très doux Jésus, Rédempteur du genre humain, jetez un regard favorable sur nous, qui sommes humblement prosternés devant votre autel. Nous sommes à Vous ; nous voulons être à Vous, et afin de Vous être plus étroitement unis, nous venons chacun nous consacrer spontanément à votre Sacré-Cœur.

Beaucoup ne Vous ont jamais connu ; beaucoup ont méprisé vos commandements, Vous ont renié. Ayez pitié des uns et des autres, très doux Jésus ; attirez-les tous à votre Sacré-Cœur.

Soyez le Roi, Seigneur, non seulement des fidèles qui jamais ne s'éloignèrent de Vous, mais aussi des enfants prodigues qui Vous ont abandonné ; faites que ceux-ci regagnent bientôt la maison paternelle, pour ne point périr de misère et de faim.

Soyez le Roi de ceux que l'hérésie a égarés ou que le schisme a séparés de Vous ; ramenez-les au port de la vérité et à l'unité de la foi, afin que bientôt il n'y ait plus qu'un bercail et qu'un pasteur.

Donnez, Seigneur, à votre Eglise, la sécurité, la liberté et la prospérité ; donnez à toutes les nations la tranquillité dans l'ordre ; faites que d'un pôle à l'autre une seule voix retentisse : « Louange au divin Cœur à qui nous devons le salut ; à lui honneur et gloire dans tous les siècles. Ainsi soit-il. »

Acte de réparation au Sacré-Cœur de Jésus de Pie XI (1928)

Cette prière centrée sur la réparation est prescrite pour la fête du Sacré-Cœur. Elle était jointe à l'encyclique Miserentissimus Redemptor du 8 mai 1928.

Très doux Jésus, Vous avez répandu sur les hommes les bienfaits de votre charité, et leur ingratitude n'y répond que par l'oubli, le délaissement, le mépris. Nous voici donc prosternés devant votre autel animés du désir de réparer, par un hommage spécial, leur coupable indifférence et les outrages dont, de toutes parts, ils accablent votre Cœur très aimant.

Cependant, nous souvenant que nous-mêmes, nous nous sommes, dans le passé, rendus coupables d'une si indigne conduite, et pénétrés d'une profonde douleur, nous implorons d'abord pour nous-mêmes votre miséricorde. Nous sommes prêts à réparer, par une expiation volontaire, les fautes que nous avons commises, tout prêts aussi à expier pour ceux qui, égarés hors de la voie du salut, s'obstinent dans leur infidélité, refusant de Vous suivre, Vous, leur Pasteur et leur Chef, ou, secouant le joug si doux de votre loi, foulent aux pieds les promesses de leur baptême.

Nous voudrions expier pour tant de fautes lamentables, réparer pour chacune d'elles: désordres de la conduite, indécence des modes, scandales corrupteurs des âmes innocentes, profanation des dimanches et des fêtes, blasphèmes exécrables contre Vous et contre vos Saints, insultes à votre Vicaire et à vos prêtres, abandon et violations odieusement sacrilèges du divin Sacrement de votre amour, péchés publics enfin des nations qui se révoltent contre les droits et l'autorité de votre Église.

Que ne pouvons-nous effacer de notre propre sang tant d'offenses! Du moins, pour réparer votre honneur outragé, nous Vous présentons cette même satisfaction que Vous avez offerte à votre Père sur la Croix et dont Vous renouvelez l'offrande, chaque jour, sur l'autel ; nous Vous la présentons, accompagnée de toutes les satisfactions de la Très Sainte Vierge votre Mère, des Saints, des chrétiens fidèles.

Nous vous promettons, de tout notre coeur, autant qu'il dépend de nous et avec le secours de votre grâce, de réparer nos fautes passées, celles de notre prochain, l'indifférence à l'égard d'un si grand amour, par la fermeté de notre foi, la pureté de notre vie, la docilité parfaite aux préceptes de l'Évangile, à celui surtout de la charité. Nous Vous promettons aussi de faire tous nos efforts pour Vous épargner de nouvelles offenses et pour entraîner à votre suite le plus d'âmes possible.

Agréez, nous Vous en supplions, ô très bon Jésus, par l'intercession de la Bienheureuse Vierge Marie Réparatrice, cet hommage spontané d'expiation ; gardez-nous, jusqu'à la mort, inébranlablement fidèles à notre devoir et à votre service, accordez-nous ce don précieux de la persévérance qui nous conduise tous enfin à la patrie où, avec le Père et le Saint-Esprit, Vous régnez, Dieu, dans les siècles des siècles. Ainsi soit-il.

Chapelet de la Divine Miséricorde

Jéus, j'ai confiance en Toi !

Cette prière du chapelet de la Divine Miséricorde est dite en utilisant un chapelet normal, en suivant cette séquence :

Au début, Notre Père, … Je vous salue Marie, …
Je crois en Dieu, le Père tout-puissant, Créateur du ciel et de la terre ; et en Jésus-Christ, son Fils unique, notre Seigneur, qui a été conçu du Saint-Esprit, est né de la Vierge Marie, a souffert sous Ponce Pilate, a été crucifié, est mort, a été enseveli, est descendu aux enfers, le troisième jour est ressuscité des morts, est monté aux cieux, est assis à la droite de Dieu le Père tout-puissant, d'où il viendra juger les vivants et les morts. Je crois au Saint-Esprit, à la sainte Église catholique, à la communion des saints, à la rémission des péchés, à la résurrection de la chair, à la vie éternelle. Amen.

Sur chaque perle majeure du chapelet, quand on dit normalement le « Notre Père », la prière suivante est dite :
Père Éternel,
je T'offre
le Corps et le Sang,
l'Âme et la Divinité
de Ton Fils bien-aimé,
notre Seigneur Jésus-Christ,
en réparation de nos péchés
et de ceux du monde entier.

*Sur chaque perle mineure du chapelet, quand on dit normalement le « Je vous salue Marie »,
la prière suivante est dite :*
Par Sa douloureuse Passion,
sois miséricordieux pour nous et pour le monde entier

Invocation : l'appel suivant est répété 3 fois à la fin du chapelet, après les 5 dizaines:
Dieu Saint,
Dieu Fort,
Dieu éternel,
prends pitié de nous et du monde entier.

6. La prière à Jésus, prêtre et victime

Jésus a sauvé le monde en exerçant son sacerdoce parfait : en donnant tout à Dieu, il a obtenu tout pour le monde (le salut) et pour Lui-même (la glorification). Jésus a été une victime libre et consentante qui a porté sur Lui le péché du monde. Il n'a pas porté les tentations du monde qui viennent du démon. Il a porté les souffrances morales et physiques, conséquence du péché qu'il n'a pas commis.

Il s'est <u>substitué</u> au pécheur pour porter à sa place les conséquences malheureuses de son péché de telle sorte que tous deviennent ou redeviennent saints.

Nous aussi nous participons au salut du monde en offrant souffrances physiques et morales, conséquences du péché, pour que les autres soient délivrés à tout jamais du péché et de ses conséquences malheureuses. Et qu'ainsi tous puissent vivre dans la communion et l'amitié avec Dieu.

Litanies de Notre-Seigneur Jésus-Christ, prêtre et victime

Seigneur, prends pitié, *Seigneur, prends pitié*
O Christ, prends pitié, *O Christ, prends pitié*
Seigneur, prends pitié, *Seigneur, prends pitié*
O Christ, écoute-nous, *O Christ, écoute-nous*
O Christ, exauce-nous, *O Christ, exauce-nous*
Père du Ciel, Seigneur Dieu, *prends pitié de nous.*
Fils, rédempteur du monde, Seigneur Dieu, *prends pitié de nous.*
Esprit Saint, Seigneur Dieu, *prends pitié de nous.*
Sainte Trinité, un seul Dieu, *prends pitié de nous.*

Jésus, prêtre et victime, *prends pitié de nous.*
Jésus, prêtre à jamais selon le sacerdoce de Melchisédech, *prends pitié de nous.*
Jésus, prêtre envoyé par Dieu porter la bonne nouvelle aux pauvres, *prends pitié de nous.*
Jésus, prêtre qui as institué à la dernière cène le mémorial de ton sacrifice,
prends pitié de nous.
Jésus, prêtre toujours vivant pour intercéder en notre faveur, *prends pitié de nous.*
Jésus, grand prêtre qui as reçu du Père l'onction d'Esprit Saint et de puissance,
prends pitié de nous.
Jésus, grand prêtre choisi parmi les hommes, *prends pitié de nous.*
Jésus, grand prêtre établi en faveur des hommes, *prends pitié de nous.*
Jésus, grand prêtre de notre profession de foi, *prends pitié de nous.*
Jésus, grand prêtre digne d'une gloire supérieure à celle de Moïse, *prends pitié de nous.*
Jésus, grand prêtre du sanctuaire véritable, *prends pitié de nous.*
Jésus, grand prêtre des biens à venir, *prends pitié de nous.*
Jésus, grand prêtre saint, innocent et sans tache, *prends pitié de nous.*
Jésus, grand prêtre fidèle et miséricordieux, *prends pitié de nous.*
Jésus, grand prêtre brûlant de zèle pour Dieu et pour les âmes, *prends pitié de nous.*
Jésus, grand prêtre parfait à jamais, *prends pitié de nous.*
Jésus, grand prêtre qui as traversé les cieux par ton sang, *prends pitié de nous.*
Jésus, grand prêtre qui nous as ouvert la voie, *prends pitié de nous.*
Jésus, grand prêtre qui nous as aimés et nous as lavés de nos péchés par ton sang,
prends pitié de nous.
Jésus, grand prêtre qui t'es livré à Dieu en offrande et victime sans tache, *prends pitié de nous.*

Jésus, victime pour Dieu et les hommes, *prends pitié de nous.*
Jésus, victime sainte et immaculée, *prends pitié de nous.*
Jésus, victime d'apaisement, *prends pitié de nous.*
Jésus, victime pacifique, *prends pitié de nous.*

Jésus, victime d'expiation et de louange, *prends pitié de nous.*
Jésus, victime de réconciliation et de paix, *prends pitié de nous.*
Jésus, victime en qui nous pouvons en toute confiance accéder à Dieu, *prends pitié de nous.*
Jésus, victime vivante pour les siècles des siècles, *prends pitié de nous.*

Montre-toi favorable, *Jésus, épargne-nous.*
Montre-toi favorable, *Jésus, écoute-nous.*

Des attaques contre tes prêtres, *Jésus, délivre-nous.*
Du péché de sacrilège, *Jésus, délivre-nous.*
De l'esprit de débauche, *Jésus, délivre-nous.*
Des gains malhonnêtes, *Jésus, délivre-nous.*
De toute simonie, *Jésus, délivre-nous.*
De l'abus des biens de l'Église, *Jésus, délivre-nous.*
De l'amour du monde et de ses vanités, *Jésus, délivre-nous.*
De la célébration indigne de tes mystères, *Jésus, délivre-nous.*

Par ton sacerdoce éternel, *Jésus, délivre-nous.*
Par l'onction sainte reçue du Père qui t'a établi prêtre, *Jésus, délivre-nous.*
Par l'esprit de ton sacerdoce, *Jésus, délivre-nous.*
Par ton ministère qui a glorifié ton Père sur la terre, *Jésus, délivre-nous.*
Par l'unique offrande sanglante de toi-même sur la croix, *Jésus, délivre-nous.*
Par ce même sacrifice renouvelé chaque jour sur l'autel, *Jésus, délivre-nous.*
Par la puissance divine que tu exerces mystérieusement par tes prêtres, *Jésus, délivre-nous.*

Pour qu'il te plaise de garder dans la sainteté de ton service tous les prêtres,
de grâce, écoute-nous.
Pour qu'il te plaise d'accorder à ton peuple des pasteurs selon ton cœur, *de grâce, écoute-nous.*
Pour qu'il te plaise de les remplir de l'esprit de ton sacerdoce, *de grâce, écoute-nous.*
Pour que les lèvres des prêtres gardent le savoir, *de grâce, écoute-nous.*
Pour qu'il te plaise d'envoyer dans ta moisson des ouvriers fidèles, *de grâce, écoute-nous.*
Pour qu'il te plaise de multiplier les dispensateurs de tes mystères, *de grâce, écoute-nous.*
Pour qu'il te plaise de leur accorder de persévérer dans le service que tu leur demandes,
de grâce, écoute-nous.
Pour qu'il te plaise de leur accorder patience dans le ministère, efficacité dans l'action et
persévérance dans la prière, *de grâce, écoute-nous.*
Pour qu'il te plaise de répandre par eux en tout lieu le culte du Saint-Sacrement,
de grâce, écoute-nous.
Pour qu'il te plaise d'accueillir dans ta joie tes fidèles serviteurs, *de grâce, écoute-nous.*

Agneau de Dieu, qui enlèves le péché du monde, *épargne-nous, Seigneur.*
Agneau de Dieu, qui enlèves le péché du monde, *écoute-nous, Seigneur.*
Agneau de Dieu, qui enlèves le péché du monde, *prends pitié de nous.*

Jésus, grand prêtre, *écoute-nous.*
Jésus, grand prêtre, *exauce-nous.*

Prions.

Dieu qui gardes et sanctifies ton Église, suscite en elle par ton Esprit des serviteurs de tes mystères capables et fidèles ; par leur ministère et leur exemple, le peuple chrétien avancera sous ta protection dans la voie du salut. Par Jésus, le Christ, notre Seigneur. Amen.

Dieu, toi qui as ordonné à tes disciples, alors qu'ils célébraient le culte et jeûnaient, de mettre à part Saul et Barnabé pour l'œuvre à laquelle tu les avais appelés, assiste ton Église en prière, toi qui sondes les cœurs, et montre-nous ceux que tu as choisis pour ton service. Par Jésus, le Christ, notre Seigneur. Amen.

Prière citée par le Pape Jean Paul II dans « MA VOCATION, don et mystère » – 1996

7. La prière au Cœur Immaculé de Marie

O Cœur de Marie, Mère de Dieu et notre Mère, Cœur le plus aimable objet des complaisances de l'adorable Trinité, digne de toute la vénération et de l'amour des anges et des hommes ; Cœur le plus ressemblant à celui de Jésus, Cœur plein de bonté et de compassion pour nos misères ; obtenez-nous de votre divin Fils le pardon de nos péchés ; que par vos mérites et à votre exemple nous puissions offrir à Dieu un cœur pur et sans tache, enflammé de charité, un cœur humble, doux et mortifié, un cœur détaché de lui-même. Soyez notre secours dans tous nos besoins, mais surtout dans les derniers combats de notre vie, à l'heure de la mort, à cet instant dont dépend notre éternelle destinée. Ah ! faites-nous alors, Vierge compatissante, ressentir la tendresse de votre Cœur maternel et la force de votre puissance sur le Cœur de votre Fils. Ainsi soit-il.

Au nom du Père, et du Fils, et du Saint-Esprit.
Amen.

Cœur Immaculé de Marie,
aide-nous à connaître et à aimer
ton Fils Jésus ressuscité et son Eglise.

Apprends-nous à la rencontrer dans la prière.

Aide-nous à le faire connaître et aimer
dans notre famile, notre pays,
dans notre travail et nos loisirs,
dans notre paroisse et nos mouvements.

Aide-nous à nous confésser avec confiance et
à communier avec respect au Corps glorieux
de ton Fils ressuscité.
Amen.

Notre Père, Je vous salue Marie, Gloire au Père.
Cœur Sacré de Jésus, ayez pitié de nous.

Acte de consécration au Cœur Immaculé de Marie (Pape François)

Ô Marie, Mère de Dieu et notre Mère, en cette heure de tribulation nous avons recours à toi. Tu es Mère, tu nous aimes et tu nous connais : rien de tout ce à quoi nous tenons ne t'est caché. Mère de miséricorde, nous avons tant de fois fait l'expérience de ta tendresse providentielle, de ta présence qui ramène la paix, car tu nous guides toujours vers Jésus, Prince de la paix.

Mais nous avons perdu le chemin de la paix. Nous avons oublié la leçon des tragédies du siècle passé, le sacrifice de millions de morts des guerres mondiales. Nous avons enfreint les engagements pris en tant que Communauté des Nations et nous sommes en train de trahir les rêves de paix des peuples, et les espérances des jeunes. Nous sommes tombés malades d'avidité, nous nous sommes enfermés dans des intérêts nationalistes, nous nous sommes laissés dessécher par l'indifférence et paralyser par l'égoïsme. Nous avons préféré ignorer Dieu, vivre avec nos faussetés, nourrir l'agressivité, supprimer des vies et accumuler des armes, en oubliant que nous sommes les gardiens de notre prochain et de la maison commune. Nous avons mutilé par la guerre le jardin de la Terre, nous avons blessé par le péché le cœur de notre Père qui nous veut frères et sœurs. Nous sommes devenus indifférents à tous et à tout, sauf à nous-mêmes. Et avec honte nous disons : pardonne-nous, Seigneur !

Dans la misère du péché, dans nos fatigues et nos fragilités, dans le mystère d'iniquité du mal et de la guerre, toi, Mère sainte, tu nous rappelles que Dieu ne nous abandonne pas et qu'il continue à nous regarder avec amour, désireux de nous pardonner et de nous relever. C'est Lui qui t'a donnée à nous et qui a fait de ton Cœur immaculé un refuge pour l'Église et pour l'humanité. Par bonté divine, tu es avec nous, et tu nous conduis avec tendresse, même dans les tournants les plus resserrés de l'histoire.

Nous recourons donc à toi, nous frappons à la porte de ton Cœur, nous, tes chers enfants qu'en tout temps tu ne te lasses pas de visiter et d'inviter à la conversion. En cette heure sombre, viens nous secourir et nous consoler. Répète à chacun d'entre nous : « Ne suis-je pas ici, moi qui suis ta Mère? » Tu sais comment défaire les nœuds de notre cœur et de notre temps. Nous mettons notre confiance en toi. Nous sommes certains que tu ne méprises pas nos supplications et que tu viens à notre aide, en particulier au moment de l'épreuve.
C'est ce que tu as fait à Cana de Galilée, quand tu as hâté l'heure de l'intervention de Jésus et as introduit son premier signe dans le monde. Quand la fête était devenue triste, tu lui as dit : « Ils n'ont pas de vin » (Jn 2, 3). Répète-le encore à Dieu, ô Mère, car aujourd'hui nous avons épuisé le vin de l'espérance, la joie s'est dissipée, la fraternité s'est édulcorée. Nous avons perdu l'humanité, nous avons gâché la paix. Nous sommes devenus capables de toute violence et de toute destruction. Nous avons un besoin urgent de ton intervention maternelle.

Reçois donc, ô Mère, notre supplique.
Toi, étoile de la mer, ne nous laisse pas sombrer dans la tempête de la guerre.
Toi, arche de la nouvelle alliance, inspire des projets et des voies de réconciliation.

Toi, « terre du Ciel », ramène la concorde de Dieu dans le monde.
Éteins la haine, apaise la vengeance, enseigne-nous le pardon.
Libère-nous de la guerre, préserve le monde de la menace nucléaire.
Reine du Rosaire, réveille en nous le besoin de prier et d'aimer.
Reine de la famille humaine, montre aux peuples la voie de la fraternité.
Reine de la paix, obtiens la paix pour le monde.

Que tes pleurs, ô Mère, émeuvent nos cœurs endurcis. Que les larmes que tu as versées pour nous fassent refleurir cette vallée que notre haine a asséchée. Et, alors que ne se tait le bruit des armes, que ta prière nous dispose à la paix. Que tes mains maternelles caressent ceux qui souffrent et qui fuient sous le poids des bombes. Que ton étreinte maternelle console ceux qui sont contraints de quitter leurs maisons et leur pays. Que ton Coeur affligé nous entraîne à la compassion et nous pousse à ouvrir les portes et à prendre soin de l'humanité blessée et rejetée.

Sainte Mère de Dieu, lorsque tu étais sous la croix, Jésus, en voyant le disciple à tes côtés, t'a dit : « Voici ton fils » (Jn 19, 26). Il t'a ainsi confié chacun d'entre nous. Puis au disciple, à chacun de nous, il a dit : « Voici ta mère » (v. 27). Mère, nous désirons t'accueillir maintenant dans notre vie et dans notre histoire. En cette heure, l'humanité, épuisée et bouleversée, est sous la croix avec toi. Et elle a besoin de se confier à toi, de se consacrer au Christ à travers toi. Le peuple ukrainien et le peuple russe, qui te vénèrent avec amour, recourent à toi, tandis que ton Cœur bat pour eux et pour tous les peuples fauchés par la guerre, la faim, l'injustice et la misère.

Mère de Dieu et notre Mère, nous confions et consacrons solennellement à ton Cœur immaculé nous-mêmes, l'Église et l'humanité tout entière, en particulier la Russie et l'Ukraine. Accueille cet acte que nous accomplissons avec confiance et amour, fais que cesse la guerre, assure au monde la paix. Le « oui » qui a jailli de ton Cœur a ouvert les portes de l'histoire au Prince de la paix ; nous espérons que la paix viendra encore par ton Cœur. Nous te consacrons l'avenir de toute la famille humaine, les nécessités et les attentes des peuples, les angoisses et les espérances du monde.

Qu'à travers toi, la Miséricorde divine se déverse sur la terre et que la douce palpitation de la paix recommence à rythmer nos journées. Femme du « oui », sur qui l'Esprit Saint est descendu, ramène parmi nous l'harmonie de Dieu. Désaltère l'aridité de nos cœurs, toi qui es « source vive d'espérance ». Tu as tissé l'humanité de Jésus, fais de nous des artisans de communion. Tu as marché sur nos routes, guide-nous sur les chemins de la paix. Amen.

Chapitre 8
L'année sainte 2025 : un nouveau départ ?

Au numéro 20 de la bulle d'indiction, le Pape rappelle en se basant sur saint Paul que la mort et la résurrection de Jésus sont à la base de la foi.

L'année sainte pourrait être l'occasion d'une nouvelle annonce de ce fondement de la foi.

1. <u>A l'intérieur de l'Eglise</u>

Pensons au peu de personnes qui demandent un baptême, une confirmation, qui participent à la messe, ou qui demande un mariage ou des funérailes. Quelle conscience ces personnes ont-elles de la foi de l'Eglise ? Une nouvelle annonce de la vie chrétienne comme participation à la mort et à la résurrection de Jésus doit faire grandir une démarche qui au départ est limité à un sentiment religieux, une vague superstition ou une démarche de bonne conduite.

2. <u>A l'extérieur de l'Eglise</u>

Vis-à-vis des personnes qui officiellement ne demandent rien à l'Eglise, il est important de donner des signes visibles de notre appartenance au Christ et de rappeler les principes de l'enseignement social de l'Eglise comme le principe de solidarité, le principe de subsidiarité. Pensons aussi à tout ce qui touche à l'intégrité physique des personnes (comme la pudeur), leur intégrité psychique et morale. Par son incarnation, sa mort et sa résurrection, Jésus s'est identifié à chaque personne qu'il racheté comme si cette perosnne était unique.

Pour bien annoncer la foi, il faut bien saisir le monde dans lequel nous vivons, monde marqué essentiellement par deux erreurs.

<u>Première erreur</u>

La notion de liberté est complètement modifiée. Liberté veut dire pour nos contemporains liberté de faire et de penser ce qu'on veut alors que traditionnellement liberté veut dire que le bien qu'on fait, on le fait librement ou volontairement.

Le vrai auquel j'adhère, j'y adhère librement et volontairement. La revendication de faire ce que je veux exalte la liberté mais peut se retourner contre l'homme. Pourquoi ?

La nature humaine étant tournée vers l'absolu et Dieu, exercer ma liberté en ne cherchant pas Dieu, cela va contre ma nature. Construire une société sans Dieu, c'est construire une société qui sera finalement inhumaine car un des sens de la vie humaine est de chercher et d'aller vers Dieu.

L'essence même de la nature humaine est de chercher Dieu tout comme c'est dans l'essence de la nature humaine que d'exercer la paternité ou la maternité physique ou spirituelle.

<u>Deuxième erreur</u>

La nature humaine est marquée par le péché originel effacé par le sacrement du baptême Demeure toutefois la concupiscence, attrait pour le pouvoir, la possession, le plaisir.

Du fait que la nature humaine est marquée par le péché, il est nécessaire d'approfondir sa foi et ses conséquences morales ainsi que de recourir au sacrement de pénitence. En ce sens l'Eglise rend service à la société. L'absence de la confession débouche sur de nouvelles tensions sociales marquées par l'autojustification, le déballage médiatique mais aussi dépression et isolement. La privatisation de la foi chrétienne appauvrit la vie en société. Tout sacrement a un aspect social ou des conséquences sociales comme dans la réconciliation sacramentelle.

L'Eglise apporte non seulement la connaissance et la grâce surnaturelle mais d'abord de façon simplement humaine, sa connaissance de la nature humaine. En rejetant la foi chrétienne, une société peut tomber dans l'ignorance ou la méconnaissance de ce qu'est la nature humaine.

Jéus est venu sauver le monde. En ignorant l'essence de la nature humaine, on ignore le vrai bien et le vrai mal. S'il n'y a pas de bien ou de mal objectif, Jésus ne sauve de rien, d'aucun mal clairement défini et d'aucun péché.

Ignorant la nature humaine et qu'elle doir être rachetée, on finit aussi par ignorer la nature de la société humaine et aussi sa finalité. Comme on ignore la nature humaine, on ignore sa finalité et aussi la finalité de la société qui est la communion avec Dieu, entre les peuples et les nations, les uns avec les autres.

Ignorant la finalité de la société, il est difficile de créer une politique commune du vivre ensemble, ce qui entraîne le désintérêt pour la politique et en conséquence l'isolement des personnes.

<u>Conclusion</u>

Les deux erreurs abordées sont fondamentales pour comprendre les crises du monde moderne et son désenchantement. Ces deux erreurs concernent la notion de nature humaine et de liberté humaine. Cela explique l'éloignement de l'Eglise qui dès lors ne doit plus apporter le salut du Christ puisque, ignorant ce qu'est la nature humaine, nous ne la contrecarrons pas par nos fautes et nos péchés dont nous n'avons plus besoin d'être délivrés.

<u>Un nouveau départ</u>

Dans la nouvelle annonce de la foi, il s'agit de montrer comment la foi dans le Christ mort et ressuscité rejoint notre vie de tous les jours dans la société et dans la vie de l'Eglise. Chaque jour nous devons mourir à certaines aises, à certaines opinions pour mieux grandir dans la communion avec Dieu et avec les autres. Il s'agit de montrer comment nous ressuscitons en portant davantage de fruits, les fruits de l'Esprit comme la joie du cœur, la paix de l'âme, …

Dans la vie de l'Eglise, il ne faut pas seulement qu'on accomplisse les choses comme cela est établi par le Saint-Siège et les Evêques mais il faut que cela aide à faire grandir dans l'union avec le Christ ; c'est le but de l'apostolat ou selon une formule plus classique de vivre dans l'état de grâce…

Communier au sacrement de l'Eucharistie ou ne pas communier n'est pas d'abord une question de discipline mais de vérité. Vais-je communier au Christ ressuscité alors que je ne crois absolument pas qu'il est ressuscité ? Vais-je recevoir le sacrement de confirmation alors que j'ai décidé qu'à partir de ce jour je n'irai plus jamais à la messe ? Vais-je célébrer une messe à mon mariage alors que nous avons décidé de ne jamais particper à la messe avant notre mariage ? Vais-je communier pendant des années sans jamais me confesser ? Les sacrements de l'Eglise ne sont pas seulement des rites ou des buts à atteindre mais d'abord des moyens de nous rapprocher du Christ (voir actes de communion spirituelle dans annexes).

La foi est le moyen d'être uni à Dieu de même que la charité. Est-ce bien vrai ? Certaines déviations font consister l'union à Dieu en un sentiment alors qu'elle est d'abord un acte de mon esprit qui adhère par la volonté au Seigneur et un acte de mon intelligence qui adhère à la vérité de la foi.

La foi sans la charité est une foi morte. On peut croire que le Christ est ressucité sans avoir la charité. Mon esprit ne peut jamais être habité par la pensée du Christ tout en adhérant au dogme de sa résurrection. Je ne peux pas dire que pour moi le Christ est vivant. Ma foi est réelle mais morte. La foi, l'espérance et la charité font participer intimement à la vie de Dieu car la foi est une participation à la connaissance que Dieu a de Lui-même. La charité me fait aimer avec l'amour dont Dieu lui-même s'aime et nous aime. L'espérance m'a fait participer à la vie de Dieu car Dieu est le bien qui est au principe et au terme de tout malgré l'existence du mal.

Annexes

Actes de communion spirituelle

Mon Jésus,
je crois à votre présence
dans le Très Saint Sacrement.
Je vous aime plus que toute chose
et je desire que vous veniez dans mon âme.
Je ne puis maintenant vous recevoir sacramentellement
dans mon Cœur ;
venez-y au moins spirituellement.
Je vous embrasse comme si vous étiez déjà venu,
et je m'unis à vous tout entier.
Ne permettez pas que j'aie jamais
le malheur de me séparer de vous.

(saint Alphonse-Marie de Liguori)

À Tes pieds, ô mon Jésus,
je me prosterne et je T'offre
le repentir de mon cœur contrit
qui s'abîme dans son néant en Ta sainte Présence.
Je T'adore dans le Sacrement de ton Amour,
l'Eucharistie.
Je désire Te recevoir
dans la pauvre demeure
que T'offre mon cœur
dans l'attente du bonheur
de la Communion sacramentelle,
je veux Te posséder en esprit.
Viens à moi,
ô mon Jésus,
pour que je vienne à Toi.
Puisse ton Amour enflammer
tout mon être
pour la vie et pour la mort.
Je crois en Toi,
j'espère en Toi,
je T'aime.
Ainsi soit-il.

(Cardinal Raphaël Merry del Val)

Acte de contrition

Mon Dieu, j'ai un très grand regret de vous
avoir offensé parce que vous êtes infiniment bon,
infiniment aimable et que le péché vous déplaît.
Je prends la ferme résolution, avec le secours de
votre sainte grâce, de ne plus vous offenser et de
faire pénitence. Amen.

L'année sainte et les indulgences

Aux environs de la Toussaint (mais aussi Pâques, Noël, …), c'est une pieuse coutume de
s'approcher du sacrement de réconciliation (sacrement de pénitence) car l'absolution des
péchés graves nous met déjà au « ciel » ; le « ciel » désigne la vie et la communion avec Dieu
que ce soit pendant la vie terrestre ou après la mort.

L'attachement au péché véniel ou plus encore au péché grave (appelé mortel – mot
synonyme – car il tue la vie de Dieu en nous) empêche la communion avec Dieu pendant
notre vie terrestre et aussi après la mort ; c'est l'origine de la doctrine du purgatoire qui
signifie une purification après la mort.

Lorsque nous péchons, le sacrement de réconciliation nous offre le pardon de Dieu qui a été
offensé. Mais en péchant, nous devenons plus enclins à pécher, nous répandons un mauvais
exemple, nous faisons tort aux autres, …
La pratique des indulgences a pour but de réparer les torts que nos péchés pardonnés dans le
sacrement de réconciliation nous ont fait et ont fait aux autres.

Sur des anciennes images pieuses, on trouve des prières avec des mentions « indulgence 30
jours ». Beaucoup de catholiques pensaient que cela voulait dire : 30 jours de purgatoire en
moins. C'est un peu naïf. Dans les premiers siècles, lorsqu'on se confessait, il y avait des
tarifs et le prêtre donnait comme pénitence pour tel péché par exemple 30 jours d'abstinence
de viande ou pendant 30 jours dire telle prière,… La prière avec une indulgence de trente
jours remplace historiquement cette pénitence.

A la suite du concile Vatican II (1962-1965), le saint Pape Paul VI a supprimé ce qui était
devenu incompréhensible et a retenu deux formes d'indulgence :
l'indulgence plénière qui est la remise totale de la peine due aux torts que nos péchés
pardonnés ont occasionnés et l'indulgence partielle qui, comme son nom l'indique, est la
remise partielle de la peine que les torts de nos péchés ont occasionnée.

L'obtention de l'indulgence plénière

On peut obtenir une indulgence plénière pour soi-même mais aussi pour nos défunts. Un
exemple : la bénédiction urbi et orbi que le Pape donne en certaines occasions (Noël,
Pâques,…).

Il y a de nombreuses œuvres ou prières par lesquelles on peut obtenir l'indulgence plénière. On en trouve la liste officielle à la suite de la constitution apostolique que le saint Pape Paul VI a écrite sur les indulgences en 1967 (constitution apostolique Indulgentiarum doctrina) ; on trouve cette liste sur internet.

Avec l'année sainte, on précise par exemple que les fidèles peuvent recevoir l'indulgence plénière s'ils rendent visite, individuellement ou en groupe, à un lieu jubilaire (par exemple une église désignée à cet effet par l'Evêque du diocèse). Là, les fidèles vivent un temps convenable d'adoration eucharistique et de méditation, conclu par le Notre Père, le Credo, et l'invocation à Marie, Mère de Dieu. Les sites catholiques officiels donnent la liste des différentes œuvres et prières qu'on peut accomplir pendant l'année sainte.
En plus de l'œuvre ou de la prière à accomplir pour obtenir l'indulgence plénière, il est nécessaire :

1. de se confesser soit le jour même soit quelques jours avant ou après

2. de communier

3. de prier pour le Pape en priant par exemple le « Notre Père » ou le « Je vous salue Marie ».

Chaque anné en lien avec le mois de novembre, on peut obtenir l'indulgence plénière pour les défunts en vivant les trois premiers points ci-dessus et en visitant le cimetière entre le 1er et le 8 novembre ainsi qu'en priant mentalement pour les défunts ou en visitant une église le 2 novembre ainsi qu'en priant le « Notre Père » et le credo.

Tout au long de cet article, on a utilisé le verbe obtenir de préférence à celui de gagner une indulgence. L'indulgence est de l'ordre de la grâce ; c'est un don gratuit. Voilà pourquoi les normes générales sur les indulgences (constitution apostolique Indulgentiarum doctrina) spécifie bien au numéro 24 : « les confesseurs peuvent commuer soit l'œuvre prescrite, soit les conditions, en faveur de ceux qui, tenus par un empêchement légitime, ne peuvent les accomplir.»

TABLE DES MATIERES

yes
I want morebooks!

Buy your books fast and straightforward online - at one of world's fastest growing online book stores! Environmentally sound due to Print-on-Demand technologies.

Buy your books online at
www.morebooks.shop

Achetez vos livres en ligne, vite et bien, sur l'une des librairies en ligne les plus performantes au monde!
En protégeant nos ressources et notre environnement grâce à l'impression à la demande.

La librairie en ligne pour acheter plus vite
www.morebooks.shop

Printed by Books on Demand GmbH, Norderstedt / Germany